大展好書　好書大展
品嘗好書　冠群可期

國家圖書館出版品預行編目資料

42式太極拳 / 李德印 演述；李自力 示範
－初版－臺北市：大展，2004【民93】
　　　面；21公分－（彩色圖解太極武術；8）
　　ISBN 978-957-468-276-8（平裝附影音光碟）

　1. 太極拳

528.972　　　　　　　　　　　　92022116

42式太極拳（附 VCD）

編 著 者／李 德 印
示　　範／李 自 力
責任編輯／佟　　暉
發 行 人／蔡 森 明
出 版 者／大展出版社有限公司
社　　址／台北市北投區（石牌）致遠一路2段12巷1號
電　　話／(02) 28236031・28236033・28233123
傳　　真／(02) 28272069
郵政劃撥／01669551
網　　址／www.dah-jaan.com.tw
E-mail／service@dah-jaan.com.tw
登 記 證／局版臺業字第2171號
承 印 者／凌祥彩色印刷有限公司
裝　　訂／眾友企業公司
排 版 者／順基國際有限公司
授 權 者／北京體育大學出版社
初版1刷／2004年（民93年）3月
初版4刷／2009年（民98年）1月　　　　　　　　定價／350元

彩色圖解
太極武術
8

42式太極拳

+VCD

李德印　演述

李自力　VCD

大展出版社有限公司

42式太極拳

為適應國內外武術競賽活動的開展，中國武術研究院組織國內武術專家、著名教練及優秀運動員，於1989年編創了42式太極拳競賽套路。

42式太極拳的取材兼採各家太極拳，不限於某一種流派，所以人們又俗稱它為「綜合太極拳」。

42式太極拳競賽套路的特點如下：

1. 內容包含了不同流派太極拳的代表性動作，表現了太極拳的不同風格和技術特點。

2. 內容取捨、動作設計和編排，既發揚了太極拳傳統風貌，又表現了時代特點，吸取了近年來太極拳的創新成果，較好地體現了對武術遺產的挖掘整理，繼承發展的方針。

3. 在保證競賽要求的前提下，兼顧了群眾普及和全民健身的需求。選材力求群眾熟悉，開展廣泛，造型優美，鍛鍊全面，難度適當，廣大愛好者喜聞樂從。使競賽套路起到促進競賽、推動普及的雙重作用。

1．起　勢	12．右單鞭	23．左分腳	34．歇步擒打
2．右攬雀尾	13．肘底捶	24．轉身拍腳	35．穿掌下勢
3．左單鞭	14．轉身推掌	25．進步栽捶	36．上步七星
4．提　手	15．玉女穿梭	26．斜飛勢	37．退步跨虎
5．白鶴亮翅	16．右左蹬腳	27．單鞭下勢	38．轉身擺蓮
6．摟膝拗步	17．掩手肱捶	28．金雞獨立	39．彎弓射虎
7．撇身捶	18．野馬分鬃	29．退步穿掌	40．左攬雀尾
8．捋擠勢	19．雲　手	30．虛步壓掌	41．十字手
9．進步搬攔捶	20．獨立打虎	31．獨立托掌	42．收　勢
10．如封似閉	21．右分腳	32．馬步靠	
11．開合手	22．雙峰貫耳	33．轉身大捋	

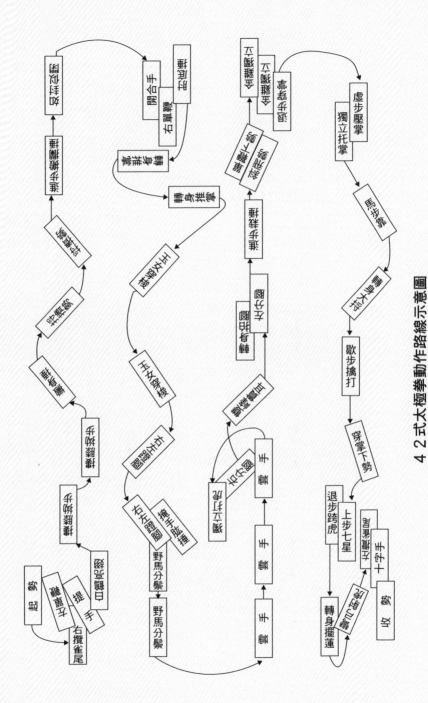

4 2 式太極拳動作路線示意圖

（一）起勢

　　身體自然直立，兩腳併攏，頭頸端正，下頦內收，胸腹舒鬆，肩臂鬆垂，兩手輕貼大腿側；精神集中，呼吸自然，目平視前方。（圖1）

　　左腳向左輕輕開步，相距與肩同寬，腳尖向前。（圖2）

　　兩手慢慢向前平舉，與肩同高，手心向下，兩臂相距同肩寬，肘微下垂。（圖3）

42式太極拳分解動作

　　上體保持正直，兩腿緩緩屈膝半蹲；兩掌輕輕下按，落於腹前，掌與膝相對。屈坐時彎腿落胯，屈膝屈髖斂臀，肛門收縮上提，保持上體中正，屈坐高度因人而宜。動作完成時身體好像端正坐在椅子上，兩手輕按在腹前桌子上。體重落於兩腳後半部。（圖4）

【動作要點】

　　①預備勢時立身中正，頂頭沉肩，胸腹收鬆，兩臂下垂，兩手貼於大腿外側；精神集中，心理安靜，呼吸自然，目光平視。

　　②開步時重心不要起伏過大。

　　③舉臂時提腕，下按時沉腕。

　　④屈坐時彎腿落胯；屈膝屈髖斂臀，保持上身中正，屈坐高低因人而宜。

　　⑤動作完成時身體好像端坐在椅子上，兩手輕按在腹前桌子上，體重落於兩腳後半部。

【易犯錯誤】

　　①屈坐時上體前俯、挺胸突臀或上體挺腹後仰。

　　②屈坐時身體緊張、憋氣。

　　③兩腳尖外撇成八字。

　　④按掌時屈臂直落。

　42式太極拳

（二）右攬雀尾

　　右腳尖稍外撇，同時身體微向右轉；右臂上抬屈於胸前，手心向下；左手翻轉向右畫弧至右腹前，手心向上，與右手相對如抱球狀，重心移至右腿，左腳收於右腳內側；目視右手。（圖5）

　　上體微左轉，左腳向左前方上一步，腳跟輕輕落地。（圖6）

　　上體繼續左轉，重心前移成左弓步；同時左臂向前掤出，左手高與肩平，手心向內，指尖向左；右手向下落於右胯旁，手心向下，指尖向前，兩臂微屈；目視左前臂。（圖7）

　　上體微左轉，右腳收至左腳內側；左臂內旋屈於左胸前，左手翻轉向下，與胸同高，指尖向右；右臂向左畫弧至左腹前，掌心向上，指尖向左，兩掌相對如抱球狀；目視左掌。（圖8）

　　上體微右轉，右腳向右前方輕輕邁出一步，腳跟著地。（圖9）

　　上體繼續右轉，重心前移或右弓步；同時右臂向前掤出，臂微屈，掌心向內，高與肩平；左掌向左向下落於左胯旁，掌心向下；目視右前臂。（圖10）

上體微右轉，左掌前伸，掌心翻轉向上，伸至右腕下方；目視右掌。（圖11）

重心後移，上體微左轉；雙掌向下後捋至腹前；目隨右掌。（圖12）

右臂外旋屈肘橫於胸前，右掌心向內，指尖向左；左臂內旋，左掌心轉向外，掌指附於右腕內側。（圖13）

重心前移成右弓步，兩掌同時向前擠出，兩臂撐圓；目視前方。（圖14）

重心後移，上體微右轉，右腳尖上翹；右臂外旋，右掌心翻轉向上，自前向右、向後屈肘畫平弧至右肩前；左掌仍附於右腕內側隨之畫弧；目隨右掌。（圖15）

身體左轉，右腳尖內扣落地；右掌平旋內收。（圖16）

上體微右轉，重心右移，左腳收至右腳內側，腳尖著地成丁步；右臂內旋，右掌翻轉向右前方立掌按出，腕高與肩平，掌心向外；左掌隨之翻轉向內，指尖仍附於右腕側；目視右掌。（圖17）

【動作要點】

①右抱球時重心右移，上體右轉，右腳尖外撇。左腳提收至右踝內側。左抱球時重心前移，上體微左轉，左腳不動，右腳提收至左踝內側。

②上步後重心前移時，後腳跟要隨之蹬轉成弓步。原地後坐前弓時，後腳不可隨意扭動。

③掤、捋、擠、按與前弓後坐、重心移動應上下相隨，協調一致。並與腰部旋轉相配合，形成上肢、下肢、軀幹完整協調的運動。各種手法要明確。轉換時要輕靈，運行時要圓活，終點時要兩臂相爭，軀幹伸拔，顯示出沉實的內勁。

④由擠轉按時兩臂由伸而屈，隨腰的轉動，鬆活地平擺畫弧，並相應作內外旋轉。

⑤丁步按掌要舒展、沉實、穩定，方向為右前方30度～45度。

⑥本勢掤手採取88式太極拳，捋、擠採自楊式，按掌參考吳式，丁步取於孫式。

【易犯錯誤】

①上步時提腳不穩，落腳沉重。

②弓步時後腳跟不蹬轉；後腿過於彎曲；後腳外側離地「拔跟」。

③重心移動過快，腿快手慢，上下不合。

④後坐時後腿支撐緊張；上體前俯或後仰；後腳不斷扭動。

⑤腰部無旋轉，身體不合。

⑥抱球時緊張夾臂。

⑦丁步按掌不明確，按掌一晃而過，或收腳未成丁步。

⑧丁步按掌時上體向左扭斜，與推掌不協調配合。

（三）左單鞭

上體微左轉，左腳向左前方上一步，腳跟著地；右掌變勾手；左掌向左畫弧至面前；目視左掌。（圖18）

上體繼續左轉；重心前移成左弓步；左前臂內旋，左掌翻轉向前推出，掌心向前，腕高與肩平；目視左掌。（圖19）

【動作要點】

①上步時身體微向左轉，向左前方上步。

②推掌時上體繼續左轉，與弓步同時完成。

③弓步方向偏向左前約30度，後腿蹬轉伸直。

④定勢時兩臂沉肩墜肘、伸張，不可鬆軟。兩腕與肩同高。

【易犯錯誤】

①上步時上體未轉動，形成橫開步。

②弓步前腳方向與推掌方向不符，或後腳未蹬轉，形成側推掌。

③兩臂伸展過直過寬，挺胸聳肩。

④勾手過高或過低。

⑤目光與左掌運轉不合。

（四）提 手

　　重心後坐，上體右轉，左腳尖內扣，左掌向右平擺畫弧；目視左手。（圖20）

　　重心左移，右勾手變掌，左掌稍向左平帶。（圖21）

　　上體微右轉，右腳提轉，腳跟落地，腳尖上翹，或右虛步；右掌成側立掌舉於體前，指尖高與眉齊；左臂屈收，左手也成側立掌合於右肘內側；目視右掌。（圖22）

【動作要點】

①左臂向右平擺與向左屈引，要在轉腰、坐腿的帶動下完成。

②兩手相合要與轉腰、右腳提落相合。

③定勢時上體伸展、頂頭、沉肩、落胯。兩臂半屈成弧撐滿，兩肘內合，指尖上翹。方向斜向前方約45度。

【易犯錯誤】

①虛步時挺胸突臀，上體前俯，或挺胯挺股，上體後仰。

②兩臂鬆軟或緊張，彎曲過大。

③虛步時前膝挺直；後膝過於內扣或外展，與後腳方向不合。

④身體轉動與重心移動不合，造成上體歪扭。

⑤手、腳、腰配合不協調一致。

23

（五）白鶴亮翅

上體左轉，兩手向左下方畫弧分開；目視前方。（圖23）

右腳活步移動，腳尖內扣落地；兩手繼續向左下方畫弧，再翻轉抱於左胸前，左手在上，兩臂微屈成弧形；目視左手。（圖24）

重心右移，上體右轉；兩手邊分邊舉至右肩前；目視右手。（圖25）

上體微左轉，左腳稍向內收，腳尖點地成左虛步；兩手右上左下畫弧分開，右掌提至右額前，掌心向內；左掌按於左胯旁，掌心向下，兩臂保持弧形；目平視前方。（圖26）

【動作要點】

　　①兩掌向下向左畫弧時要邊走邊分，然後翻轉交叉相抱。

　　②活步距離不可過大，與抱手同時完成。

　　③坐腿分手與轉腰相合。

　　④腰回轉向前與分掌、虛步同時完成。

　　⑤左腳成虛步時應先以腳前掌為軸扭直，再內收點地。

　　⑥定勢時兩掌上提下按，圓滿伸展。

【易犯錯誤】

　　①活步時上體前俯。

　　②兩臂過於彎曲，不成弧形。

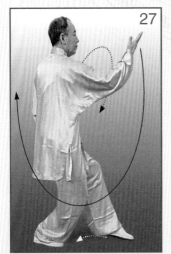

27

（六）摟膝拗步

　　上體微左轉；右手隨之向左畫弧自頭前下落；目視右手。（圖27）

上體右轉，隨之右手向下、向右、向上畫弧至右前方，高與頭平，手心斜向上；左手向上、向右、向下畫弧至右肋旁，手心向下；左腳收至右腳內側；目視右手。（圖28）

上體左轉，左腳向前上步，腳跟輕輕落地；右臂屈肘，右手收至耳旁，掌心斜向前；左手向下畫弧至腹前；目視前方。（圖29）

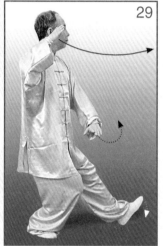

重心前移，成左弓步；右手成立掌向前推出，指尖高與鼻平；左手由左膝前摟過，按於左胯旁；目視右掌。（圖30）

　　重心稍後移，左腳尖外撇，上體左轉；右手隨之向左畫弧；目隨右手。（圖31）

　　左手向左、向上畫弧，舉至身體左前方，高與頭平，手心斜向上；右手擺至左肋旁，手心向下；右腳收至左腳內側；目視左手。（圖32）

　　上體右轉，右腳向前上步，腳跟輕輕落地；左臂屈時，左手收至耳旁，手心斜向前；右手向右、向下畫弧至腹前；目視前方。（圖33）

　　重心前移，成右弓步；左手成立掌向前推出，指尖高與鼻平；右手由右膝前摟過，按於右胯旁；目視左掌。（圖34）

【動作要點】

　　①轉體揮臂幅度不宜過大，右臂不超過中線。

　　②擺臂收腳時上體右轉應大於45度；兩臂交叉畫圓揮擺要舒展靈活，兩手擺向右側偏後約30度。

　　③上步前應先轉體，向側前方上步。

　　④推掌時繼續轉體順肩，至終點時沉肩、沉肘、沉腕、舒指、推掌、含胸，使手臂保持一定張力內勁。

　　⑤摟掌貼近膝上方畫弧，勿過高過遠。最後按於大腿旁。

　　⑥本勢弓步為拗弓步，前手前腳異側，弓步寬度大約30公分，以利重心穩定。

　　⑦轉體撤腳時重心稍向後移，移動幅度以有利腳尖扭轉為準。轉體、撤腳、後移重心三者要協調一致。

【易犯錯誤】

　　①兩臂揮擺與轉體不配合。只擺臂，不轉腰。或轉腰不足，擺臂過大，上體歪扭。

　　②上步時重心起伏，收腳不靈，落腳過重，支撐不穩。

　　③推掌手臂過直或過屈。

　　④弓步過窄或兩腳交叉，造成身體搖晃，緊張。

　　⑤轉體撤腳與重心後移脫節，先坐腿，後轉腰。

（七）撇身捶

　　重心稍後移，右腳尖外撇，上體右轉；左手向左前伸展，手心向下，右前臂外旋，右手向右後方畫弧分開；目視左手。（圖35）

　　左腳收於右腳內側；左手握拳，下落於小腹前，拳心向內，拳眼向右，右手向上、向體前畫弧，附於左前臂內側，手心向下；目視左前方。（圖36）

　　上體微左轉，左腳向左前方上一步，腳跟著地；左拳上舉至面前。（圖37）

重心前移，成左弓步；左拳翻轉向前撇打，拳心斜向上，高與頭平；右手仍附於左前臂內側；目視左拳。（圖38）

【動作要點】

①轉體分手與重心後移、腳尖外撇應協調一致，右手後分時前臂外旋，掌心轉向上。

②左掌變拳應邊落邊握，至腹前握拳完成，拳心向內。

③舉拳時勿揚肘聳肩。

④弓步撇打方向為右前45度，拳與頭同高。

【易犯錯誤】

①舉拳時揚肘聳肩，上體歪斜。或大臂不舉，僅前臂翻轉。

②定勢時弓步方向與撇拳方向不一致。

（八）捋擠勢

重心稍後移，左腳尖內扣，上體右轉；左拳變掌，右掌向右畫一平弧，隨即收於左前臂內側。（圖39）

　　重心前移，上體繼續右轉；右掌由
左向右前方畫弧平抹，掌心斜向下；左
掌落於右肘內側下方，掌心斜向上；目
視右掌。（圖40）

　　兩掌自前同時向下、向後捋，左掌
捋至左胯旁，右掌捋至腹前；右腳收至
左腳內側；目視右前方。（圖41）

　　右腳向右前方上步，腳跟著地；同
時左前臂內旋，右前臂外旋，兩手翻轉
屈臂上舉，收於胸前，手心相對；目視
前方。（圖42）

　　重心前移，成右弓步；兩臂同時向前擠出，兩臂撐圓，左掌指貼於右腕內側，掌心向外，指尖斜向上；右掌心向內，指尖向左，高與肩平；目視右掌。（圖43）

　　重心後移，右腳尖內扣，上體左轉；右掌翻轉向上，左掌畫一小弧從右前臂上穿出。（圖44）

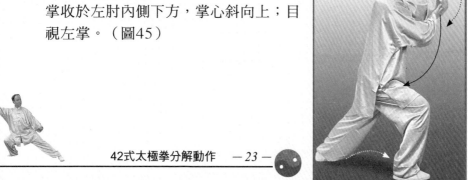

　　重心前移，上體繼續左轉；左掌自右向左前方畫弧平抹，掌心斜向下；右掌收於左肘內側下方，掌心斜向上；目視左掌。（圖45）

　　兩掌自前同時向下、向後将，右掌将至右胯旁，左掌将至腹前；左腳收至右腳內側；目視左前方。（圖46）

　　左腳向左前方上一步，腳跟著地；同時右前臂內旋，左前臂外旋，兩手翻轉屈臂上舉收於胸前，手心相對；目視前方。（圖47）

　　重心前移，成左弓步；兩臂同時向前擠出，兩臂撐圓，右掌指貼於左腕內側，掌心向外，指尖斜向上；左掌心向內，指尖向右，高與肩平；目視左掌。（圖48）

【動作要點】

　　①轉體扣腳幅度不要超過 45 度，後移重心也不宜過大。後手隨之稍向後收引畫一小弧。

　　②抹掌時後手自前臂上方穿出，隨即弧形平擺至側前方。同時弓腿轉腰，協調一致。

　　③上兩動應連貫圓活，腰、腿、手相互配合，同時完成。

　　④捋手收腳應配合腰的旋轉。

　　⑤搭手時兩臂要旋轉，大臂要上舉，前臂屈橫於胸前，兩肘撐開，掌心相對。上步注意與轉腰相配合，邊轉腰邊出腳，腳跟落地與轉體搭手同時完成。

　　⑥弓步前擠方向為斜前方45度。兩臂要撐圓。

（九）進步搬攔捶

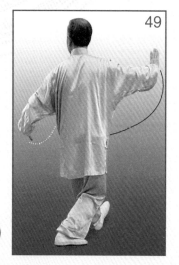

49

　　重心後移，左腳尖外撇，上體左轉；左掌向下畫弧，掌心向上；右掌向右前方伸展，掌心斜向下；頭隨上體轉動。（圖49）

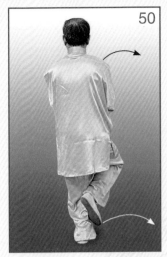

　　重心前移，右腳收於左腳內側；左掌向左畫弧，再向上捲收於體前，掌心向下，右掌變拳向下畫弧收於腹前，拳心向下；目向前平視。（圖50）

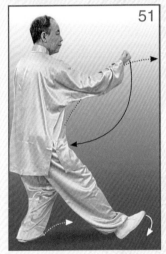

　　右腳向前上步，腳跟著地，腳尖外撇；右拳隨之經左臂內側向前翻轉搬出，拳心向上，高與胸平；左掌順勢按至左胯旁；目視右拳。（圖51）

　　重心前移，上體右轉，左腳收於右腳內側；右前臂內旋，右拳向右畫弧至體側，左前臂外旋，左掌向左向前畫弧至體前；目視前方。（圖52）

左腳向前上一步，腳跟落地；右拳收於右腰間，拳心向上，左掌翻轉向下，攔於體前；目視左掌。（圖53）

重心前移，成左弓步；右拳向前打出，拳眼轉向上，高與胸齊，左掌收於右前臂內側；目視右拳。（圖54）

【動作要點】

①分手時兩掌立圓對稱畫弧，動作要舒展圓活。

②握拳時右掌邊落邊握拳，拳心向下。

③搬拳高與胸齊，左腳上步時腳尖外撇，腳跟輕著地，膝關節微屈。

④右拳屈收時上體右轉，前臂內旋，拳心轉向下，經體右側畫弧，再外旋收到腰間，拳心轉向上。

⑤攔掌時左臂外旋，左掌經左向前畫弧，至體前內旋，掌心轉向側下方。

⑥打拳後右肩略偏前，沉肩沉肘，頂頭含胸，上體伸展。

⑦弓步寬度適當，約20公分。

【易犯錯誤】

①搬拳上步時上體轉動過大，形成身體正對前方上步。

②搬拳上步時上體前俯，右膝挺直。

（十）如封似閉

　　左掌從右前臂下穿出，掌心向上，右拳隨之變掌，掌心也轉向上。（圖55）

　　上體後坐，重心後移，左腳尖翹；兩掌分開並屈臂內旋，收至胸前，與肩同寬，掌心斜相對。（圖56）

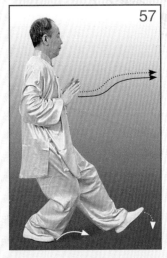

　　兩掌翻轉向下，落至腹前；目視前方。（圖57）

重心前移，右腳收至左腳側後方，腳尖點地，與左腳相距約10公分，成右丁步；兩拳向前按出，與肩同寬，掌心向前，腕高與肩平；目視兩拳。（圖58）

【動作要點】

①穿掌後兩掌交叉，掌心轉向上。

②向後引化時，兩臂邊屈邊收邊內旋，兩手翻轉分開，經胸前收至腹前。

③重心後移要充分，屈腿落胯，膝、髖關節鬆活；上體保持中正自然。

④按掌時重心前移，隨之收右腳。右腳前掌落於左腳側後方，長、寬約20公分，腳尖斜向前。

⑤定勢時上體、兩臂皆要伸張舒展。

【易犯錯誤】

①坐腿時上體前俯、緊張，或屈腿不足、重心升高，上體後仰。

②兩手向後引化時，手向上揚捲，兩肘只屈不收。

③丁步時兩腿虛實不清。

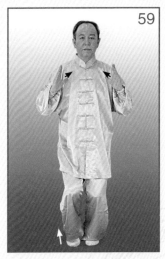

（十一）開合手

以右腳掌和左腳跟為軸，依次右轉，兩腳踏實，再成丁步；兩掌翻轉掌心相對，指尖向上，屈收至胸前，再向左右分開，與肩同寬；目視前方。（圖59）

兩掌相合，與頭同寬，掌心相對；目視兩掌中間。（圖60）

【動作要點】

①轉身時，右腳跟內轉落實，然後左腳尖內轉90度，上體右轉，兩腳平行成併步。

②開手時兩手先屈收胸前，立掌相對，與頭同寬，然後左右分開。整個過程與轉體同時完成。

③合手時沉腕舒掌，掌心保持相對；胸部微縮，同時針呼氣。

④合手時重心偏於左腿，右腳跟提起，成右丁步。

【易犯錯誤】

①身體轉動中，上體搖擺，步法碾轉生硬、斷勁；重心移動過大。

②開手、合手時發生指腕鬆軟；揚肘聳肩；挺胸、旋臂、翻掌等現象。

（十二）右單鞭

身體稍右轉，右腳向右橫開一步，腳跟著地；兩臂內旋，兩掌虎口相對，掌心向外；目視左掌。（圖61）

重心右移，成右側弓步（橫襠步）；兩掌向左右分開，平舉於身體兩側，掌心轉向外，掌指向上；目視左掌。（圖62）

【動作要點】

①向右轉體約30度，兩臂微伸，掌心轉向前。

②開步要輕靈，腳跟先著地。

③分掌時兩臂由屈而伸，掌心轉向外。

④側弓步時上體勿扭轉。

【易犯錯誤】

①側弓步時屈弓腿過於內扣或外展，上體扭轉，膝與腳尖方向不符。

②側弓步側伸腿過屈，兩腿虛實不清。

③開步時腳前掌先著地，或腳跟擦地而出。

④分掌時兩臂前推平擺分開。

⑤上體前俯或側傾。

（十三）肘底搥

　　重心左移，右腳尖內扣，上體稍左轉；右前臂外旋，掌心轉向上，右掌向內掩裹畫弧至右肩前；左掌向左、向下畫弧；目視右掌。（圖63）

　　重心右移，上體右轉，左腳收至右腳內側；右掌翻轉屈收至右胸前，掌心向下，左前臂外旋，左掌心轉向上，經腹前向右畫弧，與右掌上下相對，兩臂相抱如「抱球」狀。（圖64）

　　上體左轉，左腳向左前方擺腳上步，腳跟著地，腳尖外撇；左掌經右前臂下向上、向左畫弧，掌心向內，高與頭齊；右掌經左胸前畫弧下落至右胯旁；目視左掌。（圖65）

上體繼續左轉，重心前移，右腳前跟半步，腳前掌落在左腳後面；左臂內旋，掌心轉向外，左掌向左、向下畫弧至體左側；右臂外旋，右掌向右、向前畫弧至體前，高與頭齊，掌心斜向上；目視前方。（圖66）

重心移至右腿，右腳踏實，左腳向前進步，腳跟著地，腳尖上翹，成左虛步；左掌收經左腰際成側立掌，再經右腕上向前劈出，指尖高與眉齊，右掌握拳，拳眼向上，收至左肘內側下方；目視左掌。（圖67）

【動作要點】

①整個動作要連貫，腰部要旋轉帶動兩掌。

②墊步時應轉體向前墊步。

③捋手時右臂外旋前擺，再內旋握成立拳，拳眼向上。

④劈掌時左掌外旋收至腰間，掌心向上，再內旋成側立掌前劈。同時，腰部要輕輕右左旋轉。

【易犯錯誤】

①墊步方向不對，轉體不足，做成繞（弧繞）上步。

②跟步做成向後撤步。

③劈掌橫擺過大，不成立圓。

④兩臂及腰的旋轉與手法配合不協調。

⑤定勢過於鬆軟或緊張。

⑥虛步時挺膝、挺胸、俯身、突臀。

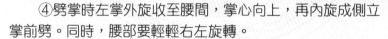

（十四）轉身推掌

左腳撤至右腳後，腳前掌著地；右拳變掌上舉，腕高與肩平，掌心向上；左掌翻轉下落至右胸前，掌心向下；目視右掌。（圖68）

以右腳跟、左腳掌為軸，向左轉身，轉身時重心仍在右腿；同時右掌稍捲收，左掌稍下落；目視右掌。（圖69）

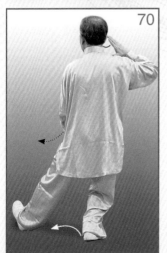

左腳向前偏左上步，腳跟落地；右掌屈收至右耳側，掌心斜向前下方，左掌向左畫弧；目視前方。（圖70）

重心前移，轉腰順肩，右腳收至左腳內側後方，腳前掌著地，成右丁步；右掌順勢向前推出，掌心向前，指尖與鼻尖相對；左掌經左膝上摟過，按於左胯旁；目視右掌。（圖71）

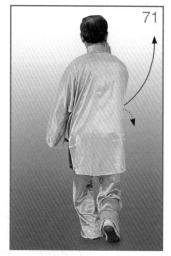

以左腳跟、右腳掌為軸，向右後轉身，轉身後重心仍在左腿；左臂外旋向左前方上舉，掌心向上，高與頭平；右掌下落至左胸前，掌心向下；目視左掌。（圖72）

右腳向前偏右上步，腳跟落地；左掌捲收至左耳側，掌心斜向前下；右掌下落至腹前；目視前方。（圖73）

重心前移，轉腰順肩，左腳收至右腳內側後方，成左丁步；左掌順勢向前推出，掌心向前，指尖與鼻尖相對；右掌經右膝上摟過，按於右胯旁；目視左掌。（圖74）

【動作要點】

①本勢取自孫式太極拳倒捲肱。轉身上步方向應為側前方，行進路線成之字形。

②碾轉步時前腳以腳跟為軸，後腳以前腳掌為軸，依次轉動。重心在兩腳間可適度移動，但不宜過大。

③收掌時屈臂捲肱，不要屈腕捲掌。

④推掌方向向前，與上勢臂掌方向成 90 度。下手摟膝停於胯旁，不要過高過遠。

⑤轉身、上步要輕靈連貫。

⑥收腳跟步與推掌同時完成。跟步腳收至支撐腳側後方約20公分。

【易犯錯誤】

①轉身上步時突然加速。

②碾轉步時重心移動過大，動作搖晃停頓。

③碾轉步時兩腳過近，影響轉動。

④上步向正前方，行進方向不成之形，成原地轉動。

⑤推掌時只弓腿不收腳，做成弓步推掌。

（十五）玉女穿梭

上體右轉，左腳向左撤半步；左臂外旋，左掌向右畫弧至右胸前，掌心轉向上；右掌經左前臂上方向前伸探至體前，掌心斜向下，腕高與肩平；目視右掌。（圖75）

上體左轉，重心移至左腿，右腳收至左腳內側，腳尖點地；兩掌同時向前向下、向後捋，左掌捋至左胯旁，右掌捋至腹前；目隨兩手。（圖76）

右腳向右前方上步，腳跟著地；兩前臂旋轉，兩掌上舉合於胸前，右掌心向內，指尖向左；左掌心向外，掌指附於右腕內側；目視右掌。（圖77）

　　重心前移，上體右轉，左腳隨之跟
至右腳內側後方，腳前掌著地；右掌自
左向前畫平弧，掌心轉向上；左掌隨之
轉動；目隨右掌。（圖78）

　　左腳落實，上體左轉，右掌屈肘內
旋向右、向後畫平弧；目視右掌。
（圖79）

　　上體右轉，右腳再向右前方上一
步，腳跟著地；右掌內旋翹腕至右肩前
上方，掌心斜向上；左掌隨之畫弧後收
於左腰際；目視前方。（圖80）

重心前移，成右弓步，上體右轉；右掌上架於右額前上方，掌心斜向上；左掌前按至體前，掌心向前，指尖與鼻尖相對；目視左掌。（圖81）

重心後移，右腳尖內扣抬起，上體左轉；右前臂外旋，右掌翻轉下落於體前，掌心向上，右腕高與肩平；左掌向右畫弧後收至右肘內側，掌心向下；目視右掌。（圖82）

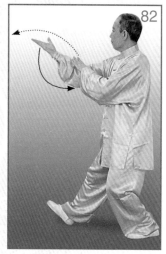

重心前移，右腳落實，上體繼續左轉；左掌從右前臂上穿出，並自右向左畫弧抹掌；右掌收於左肘內側下方，兩掌心上下斜相對；目視左掌。（圖83）

上體右轉，左腳收至右腳內側；兩掌自前同時向下、向後捋，右掌捋至右胯旁，左掌捋至腹前；目隨兩掌。（圖84）

左腳向左前方上步，腳跟著地；兩前臂旋轉，兩掌上舉合於胸前，左掌心向內，掌指向右；右掌心向外，掌指附於左腕內側；目視左掌。（圖85）

重心前移，上體左轉，右腳隨之跟至左腳內側後方，腳前掌著地；左掌自右向前畫平弧，掌心轉向上，右掌隨之轉動；目視左掌。（圖86）

　42式太極拳

右腳落實，上體右轉，左掌屈肘內旋向左、向後畫平弧，目視左掌。（圖87）

上體左轉，左腳再向左前方上一步，腳跟著地；左掌內旋翹腕至左肩前上方，掌心斜向上；右掌隨之畫弧後收於右腰際；目視前方。（圖88）

重心前移，成左弓步，上體左轉；左掌上架於左額前上方，掌心斜向上；右掌向前，指尖與鼻尖相對；目視右掌。（圖89）

【動作要點】

①本勢動作要連貫圓活，行進方向為之字形。

②轉體伸掌時，左腳向左開步，腳前掌內側先著地。

③上步搭手時，上步方向為斜前方，搭手時兩手合於左（右）胸前。

④平雲手自左肩前開始畫平圓，收至右肩前，隨轉腰雲擺，兩臂要有伸屈，肩、肘、腕要鬆活。

⑤上步收掌時兩手分開，一掌屈收至腰間，另一掌屈臂內旋上舉，與頭同高，掌心轉向前上方。腰同時向前轉動。

⑥弓步與推掌方向皆為斜前45度。拗弓步寬度約30公分。

【易犯錯誤】

①側開步時做成前上步。

②弓步太窄、上體歪扭；推掌與弓步方向不合。

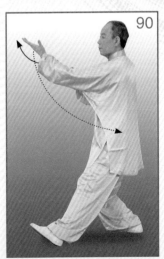

（十六）右左蹬腳

重心後移，左腳尖內扣，上體右轉；左臂外旋，左掌翻轉落於體前，掌心向上，腕高與肩平；右掌向左畫弧後收至左肘內側，掌心向下；目視左掌。（圖90）

　　重心前移，上體左轉；右掌從左前臂上方穿出，向上、向右畫弧展開；左掌向下、向左畫弧至腰側；頭隨上體轉動。（圖91）

　　上體右轉，右腳收至左腳內側；右掌向下、向左、向上畫弧，左掌向左、向上、向右畫弧至胸前兩腕交疊，兩掌交叉合抱，右掌在外，掌心均向內；目視右前方。（圖92）

　　左腿微屈站穩，右腿屈膝提起，右腳向右前方（約30度）慢慢蹬出，腳尖上勾，腳跟高過腰部；兩掌分別向右前方和左方畫弧分開，掌心向外，腕與肩平，兩臂伸展，肘微屈，右臂與右腿上下相對；目視右掌。（圖93）

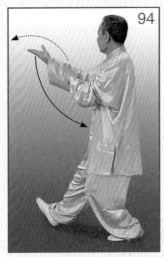

　　右腿屈收，右腳向右前方落下，腳跟著地；右前臂外旋，右掌心轉向上，稍向外收；左掌下落，經腰間向前、向上畫弧伸至右肘內側，掌心向下；目視右掌。（圖94）

　　重心前移，右腳落實，上體右轉；左掌從右前臂上方穿出向上、向左畫弧展開，右掌向下、向右畫弧至腰側；頭隨上體轉動。（圖95）

　　上體左轉，左腳收至右腳內側；左掌向下、向右、向上畫弧，右掌向右、向上、向左畫弧至胸前兩腕交疊，兩掌交叉合抱，左掌在外，掌心均向內；目視左前方。（圖96）

右腿微屈站穩，左腿屈膝提起，左
腳向左前方（約30度）慢慢蹬出，腳
尖上勾，腳跟高過腰部；兩掌分別向左
前方和右方畫弧分開，掌心向外，腕高
與肩平，兩臂伸展，肘微屈，左臂與左
腿上下相對；目視左掌。（圖97）

【動作要點】

①本勢分掌有兩種方式：一為兩掌交錯同向畫立圓；另為
兩掌對稱反向畫立圓。兩種分掌皆要舒展圓活，與轉腰旋臂相
結合；舉手高度不過頭；前掌分掌方向與蹬腳方向大體相同，
約為斜前方30度～45度。

②抱掌時兩臂圓滿外撐。

③蹬腳時上體保持端正，沉肩含胸，兩臂舒展，掌心皆向
外，指尖向上。

④右蹬腳後上步方向與蹬腳方向相同，兩腳保持適當（約
20公分）寬度。穿掌時右掌翻轉向上，左掌下落與前穿保持掌
心向下。

【易犯錯誤】

①蹬腳分掌時出現低頭彎腰；上體後仰；兩腿彎屈；前臂
與蹬腳方向不符；兩掌高度不等；臂過屈過直；兩臂挺胸分展
成直線等現象。

②蹬腳高度不足，重心不穩。

98

（十七）掩手肱捶

左小腿屈收，左腳落於右腳內側，兩臂外旋，兩掌掩合於頭前，與頭同寬，掌心向內；目視兩掌。（圖98）

99

左腳尖上翹，腳跟擦地向左開步，上體稍右轉；兩臂內旋，兩掌翻轉下落，上下交叉相疊於小腹右側，左掌壓於右掌背上，掌心均向下；目視前方。（圖99）

100

上體左轉，重心左移；兩掌向兩側分開，高與肩平，前臂內旋，掌心轉向外；目視前方。（圖100）

重心右移，上體右轉，兩臂外旋，肘內合，左掌擺至體前，掌心向上，高與肩平；右掌變拳，屈臂合於胸前，拳心向上；目視左掌。（圖101）

重心左移，上體左轉，轉腰順肩，成左弓步；右拳旋轉向前方沖打，拳心轉向下；左掌後收，掌心貼於左腹部，指尖向右；目視右拳。（圖102）

【動作要點】

①收腳合手時左腳不落地，兩手合於頭前，掌心轉向內，與頭同寬。

②擦步時左腳跟內側貼地側伸，由輕而重，上體右轉，重心稍降，兩手交疊下按。

③展體分手時，上體舒鬆轉正，重心稍升，兩臂放鬆向兩側平舉。

④掩手蓄力時重心右移成偏馬步，上體右轉，縮胸弓背，合肘翻掌，兩臂外旋擰勁。左臂伸於體前，左掌攏指凸掌，虎口張開；右臂屈肘夾肋，右手握拳向上翻擰，合於左肘內側。全身緊縮，蓄力待發。

　　⑤弓步沖拳時突然加速向左轉腰蹬腿，上體伸展，右拳抖彈向斜前方衝出。動作快速，周身完整，氣力合一。沖拳後，右臂右拳放鬆，肘關節伸直，力在拳面，高與肩平，拳心轉向下；左掌收於腹部，四指向右，拇指向上。兩腳隨轉腰蹬腿，同時突然碾轉，左腳尖稍外撇，右腳跟稍後展，成川字弓步。

【易犯錯誤】

　　①發勁僵硬緊張，沒有爆發力和彈性。

　　②發力限於右臂，與腰、腿、軀幹脫節。

　　③掩手蓄力過於放鬆，擰裹勁力不足。

　　④沖拳走弧線，形成撩拳或貫拳。

　　⑤沖拳前夕，右拳再次後引蓄力，形成斷勁。

103

（十八）野馬分鬃

　　上體左轉；右拳變掌向下畫弧至腹前，掌心向下；左掌以拇指為軸，四指向下轉動。（圖103）

　　重心右移，上體右轉，右臂內旋，右掌翻轉向外，並向上、向右畫弧，屈臂置於右肩前，拇指向下，四指尖向左；左臂外旋，掌心轉向內，掌指背貼於右前臂內側，隨之畫弧，兩臂撐圓；目視右掌。（圖104）

　　重心左移，上體左轉；右臂外旋，左臂內旋，兩掌成橫掌，掌心向左前方，橫於腹前，腰腹彈性發力；目視兩掌。（圖105）

腰與腹放鬆折迭迴旋，再向左轉；兩掌自右向左畫弧，皆成俯掌，交錯擺至腹前，左掌略前；眼看左掌。（圖106）

重心右移，腰向右轉，兩掌向右畫弧分開，左掌心轉向上，右掌心轉向右；目視前方。（圖107）

重心後移，左腳屈膝提起；左臂外旋，左掌向上托於左膝上方；右掌向右上畫弧橫於體右側，掌心向右，高與肩平；目視前方。（圖108）

 　42式太極拳

左腳向前上步，左手微屈臂後引；
目視前方。（圖109）

重心前移，成左弓步；左掌向前穿
靠，掌心向上，指尖向前，左腕高與肩
平；右掌撐至身體右方，掌心向外，指
尖斜向上，腕高與肩平；目視左掌。
（圖110）

重心後移，左腳尖外撇，上體左
轉，左臂內旋，左掌心翻轉向外，並稍
屈臂外撐；右臂亦外旋，右掌稍下落內
收；目視左掌。（圖111）

重心前移，上體左轉，右腳屈膝向前提收；右掌向下畫弧，經體側前舉，托於右膝上方，掌心向上；左掌左擺橫於體側，掌心向外，指尖斜向上；目視右手。（圖112）

右腳向前上步，右手微屈臂後引；目視前方。（圖113）

重心前移，成右弓步；右掌向前穿靠，掌心向上，指尖向前，腕高與肩平；左掌撐至身體左方，掌心向外，指尖斜向上，腕高與肩平；目視右掌。（圖114）

【動作要點】

①沖拳後上體稍放鬆，右腕及腰相應向右轉一小弧，然後上體左轉，右拳變掌攏指屈腕、虎口張開；前臂外旋，向下畫弧。左手貼腹，向下屈腕轉指。同時腰肌、腹肌左側上提，右側下降，腰、腹、臂皆處於扭轉纏繞狀態。

②撐臂繞手時，左臂外旋，掌背貼住右腕，小指向上擰勁；右臂翻轉內旋，屈臂外撐，右掌橫於右肩前，拇指根用力向下擰轉，四指併攏伸直。同時右腳跟稍內轉，向右擰腰，沉肩、含胸、吸氣。

③捌掌時上體左轉，兩掌同時換向擰轉，向下畫弧橫於腹前，左前臂和右上臂屈收貼近上體，腰肌、腹肌向左扭轉發力，隨之重心稍下降，伴以短促呼氣，周身動作一瞬間纏緊停頓。

④捌掌以後，腰、腹、臂放鬆，身體彈性緩解，上體折迭迴旋，再繼續向左轉腰擺掌，這種由勁力緊鬆造成的彈性往復和動作斷續稱為折迭。

⑤提腳時腳尖勿翹、勿拖，腳收於支撐腿腓骨前，支撐腿半屈。

⑥上步時前臂稍向後收引。

⑦穿靠時前臂外旋前伸，四指併攏向前，拇指外張；後臂內旋平舉，於身體側後方，屈腕橫掌外撐，掌心向外。

【易犯錯誤】

①纏手時兩臂旋轉鬆懈無力，腰腹肌不配合。

②捌掌時雙手向下拍打。

③捌掌時限於兩臂發力，與腰、腿脫節。

④兩腳外側拔根離地或任意扭動。

⑤折迭時身體不放鬆，往復擺動過大。

⑥提腳做成獨立步。

⑦穿靠時上體轉動過大，步型做成側弓步。

（十九）雲　手

重心左移，右腳尖內扣，上體左轉；右前臂內旋，右掌翹腕右旋，向左擺至右肩前；左掌微向左撐，掌心向左；目視右掌。（圖115）

重心右移，上體右轉，左腳跟隨之碾動；右掌翻轉向外，橫掌右擺至身體右側；左掌自左向下，經腹前向右畫弧，掌心隨之翻轉向上；目隨右掌。（圖116）

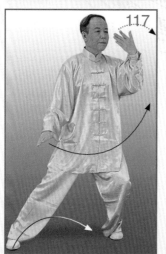

重心左移，上體左轉；左掌掌心向內；自右向上向左，經面前畫弧雲轉，指尖與眉同高；右掌向下經腹前，向左畫弧雲轉，掌心由外轉向內；目隨右掌。（圖117）

上體繼續左轉，右腳收於左腳內側落地，兩腳平行向前，相距10～20公分；兩掌雲至身體左側逐漸翻轉，左掌心轉向外，右掌雲至左肘內側，掌心轉向內；目視左掌。（圖118）

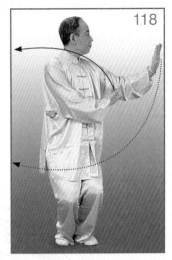

重心右移，上體右轉；右掌自左經面前向右畫弧雲轉，指尖高與眉齊；左掌向下經腹前向右畫弧雲轉；目視右掌。（圖119）

上體繼續右轉，左腳向左側開步，腳尖仍向前；兩掌雲至身體右側，逐漸翻轉，右掌心轉向外，左掌雲至右肘內側，掌心轉向內；目視右掌。（圖120）

重心左移，上體左轉；左掌經面前向左畫弧雲轉；右掌向下經腹前畫弧向左雲轉；目隨左掌。（圖121）

上體繼續左轉，右腳收於左腳內側落地，兩腳平行向前，相距10～20公分；兩掌雲至身體左側逐漸翻轉，左掌心轉向外，右掌雲至左肘內側，掌心轉向內；目視左掌。（圖122）

重心右移，上體右轉；右掌自左經面前向右畫弧雲轉，指尖高與眉齊；左掌向下經腹前向右畫弧雲轉；目視右掌。（圖123）

上體繼續右轉，左腳向左側開步，腳尖仍向前；兩掌雲至身體右側，逐漸翻轉，右掌心轉向外，左掌雲至右肘內側，掌心轉向內；目視右掌。（圖124）

重心左移，上體左轉；左掌經面前向左畫弧雲轉；右掌向下經腹前畫弧向左雲轉；目隨左掌。（圖125）

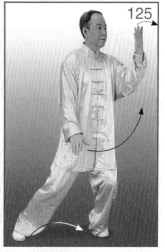

上體繼續左轉，右腳收於左腳內側落地，腳尖內扣約 45 度落地。兩腳平行向前，相距10～20公分；兩掌雲至身體左側逐漸翻轉，左掌心轉向外，右掌雲至左肘內側，掌心轉向內；目視左掌。（圖126）

【動作要點】

　　①左擺掌時屈腕鬆掌，以腰帶臂、擺掌幅度約45度。

　　②轉體翻掌時右掌沉腕畫一小弧，前臂內旋，右掌翻轉向外，橫掌右擺，至體側時再沉腕轉成立掌。同時左腳腳跟稍內轉，腳尖正向體前。

　　③雲手時以腰帶臂，腰領手隨。兩臂保持半屈，兩手交錯立圓畫弧。上手不高於頭，下手不低於襠。眼光隨上手轉移。

　　④開步、併步時腳移動要輕靈柔緩，以腳前掌先落地，再隨重心移動踏實全腳。重心要保持平穩，身體勿起伏、搖晃。併步後兩腳成小開步。

　　⑤翻掌勿突然。手雲經過體前以後逐漸旋臂翻掌，與移腳同時完成。腰、手、腳要協調一致。

　　⑥最後一次併步收腳後腳前掌內扣落地。

【易犯錯誤】

　　①雲手與轉腰脫節。腰未領轉，兩臂孤立擺動。或轉腰過於超前上體扭晃。

　　②移腳翻掌突然加速斷勁。

　　③轉體擺掌時右掌僵硬不鬆活。

　　④雲手時上手抬肘聳肩，掌根鬆軟。或緊張屈臂，手離頭太近。

　　⑤併步後兩腳尖外撇成八字形。

　　⑥上體前俯、挺胸突臀。

（二十）獨立打虎

重心右移，左腳向身後撤一步，右腿屈膝前弓；左掌掌心翻轉向上，向下畫弧，收於腹前；右掌掌心翻轉向下，經左前臂上方穿出，向前伸探至體前，腕高與肩平；目視右掌。（圖127）

重心左移，上體左轉，右腳尖內扣；兩掌向下，經腹前向左畫弧；視線隨上體轉動。（圖128）

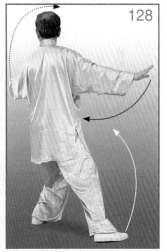

兩掌逐漸握拳，左拳經體側屈臂上舉至左額前上方，拳心向外，拳眼斜向下；右拳屈臂收於左胸前，拳心向內，拳眼朝上；左腿微屈，站穩，右腿屈膝提起，右腳收至襠前，腳尖上翹；頭轉向右前方；目平視前方。（圖129）

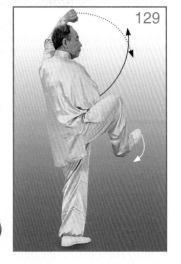

【動作要點】

　　①左腳向右後方撤步成斜向弓步，方向約45度。

　　②提腳獨立時重心後移，右腳尖上翹，右腿先上舉後屈膝，右腳畫一弧形盤收於襠前。同時兩手在向下畫弧中分開。

　　③獨立步採取吳式。大腿高提，膝關節外展，小腿內盤，腳尖上翹，大腿小腿折收角度約90度。

　　④分手時上體左轉，架舉時向右回轉。定勢時上體伸展，斜向前方。左拳架於左額前上方，右拳屈收於體側，距左肋約一拳寬，兩拳拳眼上下相對。兩臂半屈撐滿。頭轉看前方。

【易犯錯誤】

　　①獨立時提腳沉重，拖地、蹬地。

　　②獨立步右小腿屈收不足，伸展過遠；或直接屈提，右腳未畫弧盤收。

　　③撤步時兩腳前後交叉繞步；方向過橫；右掌伸展不足。

　　④分手不明確，與将手混淆，或未向左轉體。

（二十一）右分腳

　　上體微右轉，左腳內收，腳尖下垂；兩拳變掌疊抱於胸前，右掌在外，掌心皆向內；目視右前方。（圖130）

42式太極拳

右腳腳面展平，腳尖向右前方慢慢踢出，高過腰部；兩掌同時向右前方和左方畫弧分開，掌心皆向外，指尖向上，腕高與肩平，兩臂撐舉，肘關節微屈，右臂與右腿上下相對；目視右掌。（圖131）

【動作要點】

①抱掌時兩臂環抱，兩掌斜交叉，右掌在外，腕高與肩平；分掌時前臂內旋，兩掌翻轉向外，弧形分展，弧頂高不過頭。兩臂微屈，分展角度約135度。肩、肘、腕皆下沉，胸內含。

②分腳方向為斜前方30度，右手與右腳方向相合。

③定勢時上體與兩臂皆要舒展伸拔，重心稍上升，保持穩定。

【易犯錯誤】

①分腳時出現低頭彎腰；上體後仰；兩腿彎曲；手腳方向不符；兩掌一高一低；兩臂過直過屈；挺胸開臂成一直線等現象。

②分腳高度不足，重心不穩。

（二十二）雙峰貫耳

右腿屈膝，小腿回收，腳尖下垂；
兩臂屈肘外旋，在胸前相合，兩掌經面
前畫弧平行下落於右膝上方，掌心翻向
上；目視前方。（圖132）

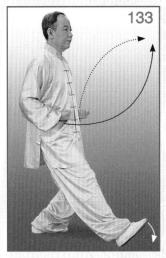

右腳向前落步，腳跟著地；兩掌分
落於腰側，逐漸握拳，拳心向上；目視
前方。（圖133）

重心前移，成右弓步；兩拳同時經
兩側向前上方畫弧貫打，高與耳齊，相
距同頭寬，拳眼斜向下，兩臂半屈成鉗
形；目視前方。（圖134）

【動作要點】

①收腳時小腿屈收，大腿仍要穩住，兩掌翻轉相併，相距約10公分。

②落腳時支撐腿屈蹲，重心下降，右腳下落經左踝內側上步，腳跟輕輕著地。

③貫拳方向與右分腳相同，斜向前方30度。兩臂半屈成弧，兩拳鉗形相對，高與頭平，相距同頭寬。

【易犯錯誤】

①貫拳時揚肘、聳肩、低頭。

②落腳沉重直落。

（二十三）左分腳

重心後移，右腳尖外撇，上體右轉；兩拳變掌左右分開，掌心皆向外；目視左掌。（圖135）

135

重心前移，左腳收於右腳內側，上體微左轉；兩掌從左右兩側向下、向內畫弧，至腹前相交、舉抱於胸前，左掌在外，掌心皆向內；目視左前方。（圖136）

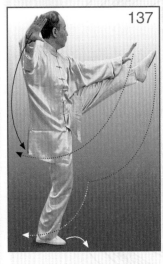

右腿微屈站穩，左腿屈膝提起，左腳尖向左前上方（與起勢方向成 90 度）慢慢踢出，腳面展平，高過腰部；兩掌向左前和右方畫弧分開，掌心向外，腕與肩平，兩臂撐舉，肘關節微屈，左臂與左腿上下相對；目視左掌。（圖137）

【動作要點】

①轉體、後移重心、右腳尖外撇三者要協調一致，並與分手相配合。

②分腳方向為行進前方（與起勢方向成90度）。

③抱掌時左掌在外。

（二十四）轉身拍腳

左腿屈收下落，身體以右腳掌為軸順勢向右後轉身，左腳尖隨體轉內扣落地；兩掌從兩側向腹前畫弧下落，前臂外旋，掌心斜相對；頭隨身體轉動。（圖138）

重心左移，身體繼續右後轉（側對上勢左分腳方向），右腳隨之轉正，腳尖點地；兩掌交叉，右掌在外舉抱於胸前；目視右前方。（圖139）

左腿支撐，右腳向上踢擺，腳面展平；兩前臂內旋，掌心轉向外，右掌向前擊拍右腳面，高與頭齊，左掌向後畫弧分開，平舉於身體左方，腕高與肩平；目視右掌。（140）

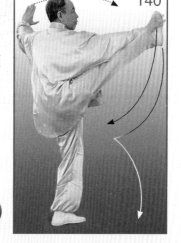

【動作要點】

①落腳與轉身同時進行，兩掌隨之下落，交叉於腹前，以利身體順勢轉動。

②落腳時腳尖內扣，腳前掌先落地。然後全腳踏實，重心移向左腳，右腳跟提起碾轉。

③分掌踢腳同時進行，右手迎拍右腳面。

【易犯錯誤】

①落腳、合手與轉身不合。先交叉落腳，後合手轉身。

②落腳時左腳先向外擺，再內扣轉身，以加大助力。

③拍腳時發生低頭彎腰；後手屈舉；擊拍落下；支撐腿過屈等現象。

141

（二十五）進步栽捶

左腿屈膝、右腿屈收，右腳前落，腳尖外撇，上體右轉，重心前移；兩前臂外旋，左掌向上、向右畫弧，掌心轉向右；右掌翻轉下落至腰間，掌心向上；頭隨上體轉動。（圖141）

42式太極拳

上體繼續右轉。右掌繼續自下而上畫弧至右後方，左掌經頭前畫弧至右肋。（圖142）

左腳向前上一步，腳跟著地，上體微左轉；右拳向右、向上畫弧，屈肘握拳收於右耳側，拳心向下，左掌向下畫弧落於腹前；目視前下方。（圖143）

上體左轉，稍向前俯身，重心前移，成左弓步；右拳向前下方打出，高與腹平，拳面向前下方，拳眼向左，左拳自左膝上方摟過，按於左胯旁；目視右拳。（圖144）

【動作要點】

①落腳時先屈收小腿，提住大腿，然後支撐腿彎曲，右腳前落上步，腳跟著地，腳尖外撇。

②兩臂交叉擺動同時膝拗步勢。

③握拳邊屈臂邊握拳，收於頭側，拳眼向內，拳心向前。

④栽拳時右肩略偏前，拳略高於膝，上體前傾步超過45度，保持舒展頂頭。弓步寬度約20公分。

【易犯錯誤】

①落腳沈重直落。

②握拳屈腕。

③栽拳時上體弓腰駝背。

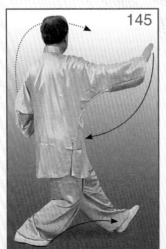

145

（二十六）斜飛勢

重心後移，左腳尖外撇，上體左轉，右拳變掌向上、向右畫弧，左掌向左畫弧，兩掌分開。（圖145）

右腳收於左腳內側；左掌向上、向右畫弧，屈臂於胸前，掌心斜向下；右掌向下、向左畫弧，屈臂於腹前，掌心斜向上；兩臂交叉相抱，左前臂在上；目視左掌。（圖146）

上體微右轉，右腳向右側開步，腳跟著地；目視左掌。（圖147）

　　重心右移，上體左轉，成右側弓步（橫襠步），右肩向右傾靠；兩掌分別向右前方和左前下方撐開；右掌略高於頭，掌心斜向上，左掌與胯同高，掌心斜向下；目隨左掌。（圖148）

【動作要點】

　　①分手時右拳變掌向上向右畫弧，左掌向下向左畫弧。

　　②開步插手時，右腳向右側偏後開步，腳跟先落地，上體隨之微向右轉。右掌同時向左下伸插。兩臂斜上斜下交叉。兩腿夾實。

　　③側身分靠時，右臂先向體前挑舉，隨之上體側傾，右肩領先，兩臂斜向分展。右臂外旋，右掌心斜向上。左臂內旋，左掌斜向下撐。兩臂分展角度約120度。

　　④斜身分靠時上體側傾，頭與軀幹保持順直舒展，含胸拔背，沉肩頂頭。本勢採自吳式太極拳，要求上體斜中端正，以肩側向靠撞。

【易犯錯誤】

　　①開步時腳跟擦地，或做成轉體上步。

　　②插手時兩腋留有空隙。

　　③側弓（橫襠）步時，兩腳外撇過大成丁字。

　　④斜身時上體側屈。

　　⑤分靠肘力點不準，手法混淆，做成轉腰揮臂外掤。沒有以肩領先向右傾靠。

　　⑥展臂時挺胸直臂，兩臂成一斜線。

（二十七）單鞭下勢

重心左移，上體左轉，右腳跟稍外展；左掌變勾手，提至身體左側，腕與肩同高；右掌向左畫弧，經頭前擺至左肘內側；目隨右掌。（圖149）

左腿全蹲，右腿鋪直，上體右轉，成右仆步；右掌下落經腹前順右腿內側向右穿出，掌心由內轉向外，指尖向右；目視右掌。（圖150）

【動作要點】

①勾手擺掌時左手上提變勾，右掌內旋右擺，上體左轉，右腳跟稍向外蹬轉。

②穿掌時右掌下落外旋，掌心向外，指尖向右，由屈而伸至踝內側。兩臂伸展，勾手高與頭齊，勾尖向下。

【易犯錯誤】

①仆步時屈蹲不足，低頭、彎腰、抬臀。

②仆步時側伸腿彎曲，腳外側離地拔跟，屈蹲腿腳跟離地。

③後臂勾手過高過低。

（二十八）金雞獨立

重心右移，上體右轉，右腳尖外展，左腳尖內扣，右腿屈弓，左腿自然蹬直；右掌向上挑至體前，或側立掌，腕高與肩平；左臂內旋下落至身後，勾尖向上；目視右掌。（圖151）

重心前移，上體右轉，左腿屈膝向前上提起，腳尖下垂，右腿微屈站穩，成右獨立步；左勾手變掌，經體側向前、向上挑起，成側立掌，指尖高與眉齊；右掌翻轉下按於右胯旁；目視左掌。（圖152）

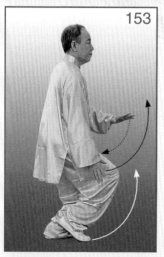

右腿稍屈，左腳落於右腳內側後方，重心後移；左手翻轉下落，右手向下伸展。（圖153）

　　上體左轉，右腿屈膝提起，腳尖下垂，左腿微屈站穩，成獨立步；左掌按於左胯旁；右掌成側立掌挑至體前，指尖高與眉齊；目視右掌。（圖154）

【動作要點】

　　①弓腿挑掌時，重心前移，右腳尖外展、左腳尖內扣。

　　②提腳時轉腰屈膝收腳上提，左腳勿拖地、蹬地。

　　③獨立挑掌時，上體舒展轉腰順肩，側向前方。臂半屈成弧，屈腕舒掌，沉肩垂肘，虎口與鼻尖相對，膝與肘相對。

　　④落腳時，轉腰屈腿，腳前掌先落地。動作輕柔完整。

【易犯錯誤】

　　①弓腿時兩腳不碾轉，影響提腳獨立的穩定和輕靈。

　　②後腳前提沉重，腳尖拖地或突然蹬地而起。

　　③獨立時身體緊張、不穩，或屈腿弓腰，小腿前伸，腳尖上翹。

　　④落腳按掌時腰無旋轉，落腳不柔和。

　　⑤挑掌、按掌時，臂、掌、腕緊張僵硬或鬆軟無力。

　　⑥挑掌時掌心向前。

（二十九）退步穿掌

　　左腿稍屈，右腳後撤一步，右腿自然蹬直，左腿屈弓，左腳以前腳掌為軸順勢扭正，成左弓步；左臂外旋，左掌翻轉掌心向上，收經腰間，從右前臂上穿出，腕高與肩平；右臂內旋，橫掌下按，落於左肘下方；目視左掌。

（圖155、156）

【動作要點】

　　①支撐腿彎曲，上體右轉，右腳經左腳內側退步。腳前掌先著地，隨之左腳以腳掌為軸扭直成左弓步。

　　②左掌翻轉向上穿出，高與頭平、右掌翻轉下按與胸平。

【易犯錯誤】

　　①退步時上體前俯，右小腿後舉，支撐腿未屈。

　　②左弓步時，前腳未扭直，腳尖外撇；或兩腳交叉，後腿彎曲。

　　③腿快手慢，上下不協調。

（三十）虛步壓掌

重心後移，左腳尖內扣，上體右後轉；右掌收至腹前，左掌舉於左額側上方；目隨轉體平視。（圖157）

重心移至左腿，右腳提起，腳尖轉向前方，腳前掌落地，成右虛步；上體向下鬆沉，微向前俯；左掌自上而下橫按於右膝前上方，指尖向右；右掌按於右胯旁，指尖向前；目視前下方。（圖158）

【動作要點】

①轉體中左腳扣腳要充分，右腳腳跟內轉後要稍向右活步，調整成右虛步。

②壓掌時轉腰順肩，屈腿落胯。上體前俯30度～45度。保持舒展。掌橫壓於正前方。

【易犯錯誤】

①碾轉步時，左腳尖內扣不足，右腳未活步，虛步時上體歪扭，下肢緊張。

②壓掌時，上體前俯過大，弓背彎腰；或上體轉動過大，掌壓於體右側。

③壓掌不明確，掌經身體右側向下畫弧。

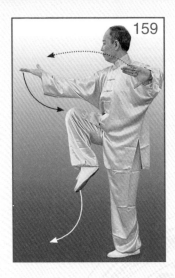

（三十一）獨立托掌

左腳蹬地；左腿微屈站穩，右腿屈膝提起，腳尖下垂，成左獨立步；右掌翻轉上托，舉於體前，掌心向上，腕高與胸平；左掌向左、向上畫弧，撐於體側，腕高與肩平，掌心向外，指尖斜向上；目視右掌。（圖159）

【動作要點】

①首先轉腰、蹬腿，重心上升，隨之提腳獨立托掌。動作要發於腰腿，形於手腳，定於全身。

②定勢時前臂伸展，側臂屈撐，上體中正，頂頭沉肩，含胸拔背，鬆腰提腿，支撐穩固，腳趾扣地。

③左掌屈腕外撐，虎口向前，掌心向外。右掌托於體前，兩掌與肩同高。

【易犯錯誤】

①兩臂鬆軟彎曲，上體伸展不足。

②獨立步支撐腿彎曲，前提腿小腿前伸，腳尖勾起。

（三十二）馬步靠

　　右腳前落，腳尖外撇，重心前移，上體右轉；右臂內旋，右掌翻轉下捋；左臂外旋，左掌向上、向右畫弧；目視前方。（圖160）

　　左腳收於右腳內側，上體繼續右轉；右掌翻轉向上，並向右畫弧舉於體側，高與頭平；左掌握拳，落於右腹前，拳心向下，拳眼向內；目視右掌。（圖161）

　　上體左轉，左腳向左前方上步，左臂內旋，擺至身體左側。（圖162）

重心略向前移，成半馬步；左臂內旋，向前靠出，左拳拳眼向內，拳面向下，置於左膝前；右掌屈收，經身側推助左臂向前擠靠，拳心向左，掌指附於左上臂內側；目視左前方。（圖163）

【動作要點】

①落腳時屈腿上步前落，上體右轉，腳尖外撇，腳跟先著地。

②擺臂時兩臂交叉畫立圓，動作同摟膝拗步。左掌經右肩前時開始握拳，拳心向下，拳眼向內。

③左腳上步方向為左前方45度。腳跟先落地，隨之重心前移全腳踏實，成半馬步。

④前靠時腰腿發力，小腹充實，快速完整，短促呼氣。兩腿屈蹲，襠部撐開，重心稍下降，後腿內轉前蹬，前腿稍屈弓。上體微向左轉，擠靠方向為側前方，與左腳方向相同。左臂內旋微屈，左拳置於左膝上方或內側，拳面向下，拳心向內。力總在左上臂外側。

【易犯錯誤】

①發力與腰腿脫節。

②兩臂屈擺，頂肘發力。

③馬步側向擠靠或弓步擠靠。

④擠靠時上體過於前俯。

⑤落腳時，右掌未翻轉下採；或右掌向左向下畫弧擺動，手法不明確。

（三十三）轉身大将

　　重心後移，左腳尖外撇抬起；左拳變掌，左臂外旋，右臂內旋，兩掌心同時轉向外，並微向後收帶；目視兩掌。（圖164）

　　上體左轉，重心前移，右腳收於左腳內側，兩腳平行向前，重心仍偏於左腿，並稍向上升高；左臂內旋，左掌屈肘提至胸前，橫掌掌心向外；右臂外旋，舉於身體右側，高與肩平，掌心向上；目視右掌。（圖165）

　　右腳前掌為軸，腳跟外展，身體左轉，兩掌隨轉身向左平将至體前。（圖166）

體繼續左轉，左腳後撤一步，腳尖外展落地，右腿屈弓；兩掌心斜相對，右掌高與頭平，左掌置於右肘內側；目視右掌。（圖167）

上體繼續左轉，重心左移，右腳跟外展，右腿自然蹬直，成左側弓步（橫襠步）；兩掌向左平捋，逐漸握拳，左臂外旋，左拳向左畫弧，拳收於腰間，拳心向上；右臂屈肘外旋滾壓置於體前，右拳高與胸齊，拳心斜向上；目視右拳。（圖168）

【動作要點】

①此勢採自48式太極拳，由楊式大将推手演化而成。大将推手主要由将、靠、肘、挒、採等手法組成。本勢表現了轉身将和滾時兩種手法。

②撇腳轉掌在勁力上也屬於由緊而鬆，由實而虛的折迭。由前勢發力靠擠以後，身體放鬆，隨之彈性回轉一小弧，再左腳外撇，上體左轉，兩臂同時放鬆回轉後引，腕關節屈繞，左臂 先外旋再內旋，右臂先後引再外旋，兩掌翻轉向上併步托舉。

③併步後，重心升高，身體轉向起勢方向，重心偏於左腿，右掌心向上，左掌心向前。

④轉體大将時，右腳掌為軸，腳跟外轉，上體繼續左轉；右腿屈膝，左腿向起勢方向的右後方撇一步，腳前掌內側著地。

⑤滾肘重心左移，右腿蹬直、腳跟外轉，成左側弓步。同時上體左轉，左拳外旋收於腰間，拳心向上；右拳也外旋，右前臂滾轉下壓，以反關節手法撇扭對方手臂。

【易犯錯誤】

①併步做成扣步。

②轉掌動作兩手回擺畫弧幅度過大。

③滾肘時上體未左轉，右臂直抽後引。

④側弓步兩腳尖外撇過大，成丁字步。

⑤兩腳亂扭，碾轉不清，重心不穩。

（三十四）歇步擒打

上體右轉，重心右移；右臂內旋屈肘上撐，右拳置於右額前，拳心向外；左臂內旋，左拳向身體左後方穿出，拳心向後；目視前方。（圖169）

上體左轉，左腳尖外展，重心前移；右拳經體側下落捲收腰間，拳心向上，左拳變掌，向前畫弧，掌心翻轉向右；頭隨體轉，目視前方。（圖170）

右腳經左腳前向左前方蓋步橫落，兩腿交叉屈蹲，成歇步；左掌握拳，收於腹前，拳心向下，虎口向內；右拳經左前臂上向前、向下方打出，高與腹平，拳心向上；目視右拳。（圖171）

【動作要點】

①本勢參考陳式太極拳中小擒打及形意拳雜式捶中懶龍臥道動作演變而來。步型為高歇步（交剪步），步法為蓋步，手法為擒手和前下方沖拳。

②第一動上體右轉不宜超過90度，兩臂握拳內旋，右拳高勿過頭，左拳低勿過髖。

③擒手時左腳尖外撇，上體左轉，左拳弧形擺向身體左前方，掌心翻轉向右，握拳後拳心轉向下。

④歇步打拳時，右腳向左前方蓋步橫落，腳跟先著地，兩腿屈膝半蹲成高歇步。右拳向前下方打出，拳心向上，高與腹平。左拳拳心向下，置於左前臂下。上體稍向前傾。

【易犯錯誤】

①歇步時兩腿未交叉夾緊。

②轉體旋臂時，上體右轉及兩拳揮擺過大。

③沖拳高與胸平。

（三十五）穿掌下勢

172

上體右轉，左腳收至右腳內側；兩拳變掌，右臂內旋，掌心翻轉向外，掌指向左，提至胸前；左臂外旋，掌心翻轉向外，掌指向左，舉於身體左側；目視左掌。（圖172）

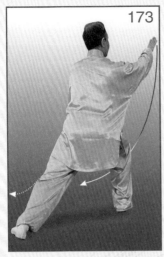

　　上體右轉，右腿屈蹲，左腿向左側伸出；兩掌向上、向右畫弧，經面前擺至身體右側，掌心轉向斜下，指尖斜向右上，右掌伸舉於右前方，高與頭平，左掌屈臂擺至右肩前，高與肩平；目視右掌。（圖173）

　　右腿全蹲，左腿鋪直，上體左轉，成左仆步；兩掌繞轉，指尖轉向左，經腹前順左腿內側向左穿出，左掌在前，掌心向外，右掌在後，掌心向內；目視左掌。（圖174）

【動作要點】

　　①收腳提掌時，重心恢復成弓步時高度。兩掌翻轉側掌上提，高不過肩，指尖向左。

　　②擺掌時上體右轉，兩掌經體前右擺，高不過頭。左腳向左開步側伸時，腳前掌內側先著地，兩腳前後保持一腳長寬度 穿掌時屈腕轉掌，左掌心轉向外，右掌心轉向內，兩掌轉成。

　　③側掌指尖皆向左，沿左腿內側穿出。

【易犯錯誤】

　　①提掌、擺掌幅度過小。

　　②擺掌時上體不向右轉，目光不注視右拳。

　　③穿掌時前屈腕轉掌動作不明顯。

　　④穿掌幅度不足，或僅左拳穿出，右掌停於腰間未穿。

　　⑤仆步時低頭彎腰，抬臀，右腿未全蹲。

（三十六）上步七星

　　重心前移，上體左轉，左腳尖外撇，右腳尖內扣，右腿蹬直，左腿屈弓；左掌向前、向上挑起，腕高與肩平，掌心向右，指尖斜向上；右掌微向後拉，側置於右胯旁；目視左掌。（圖175）

　　右腳前上一步，腳前掌落地，成右虛步；左掌握拳，微向內收，拳心向內；右掌變拳向前、向上架起，拳心向外；兩腕交疊，兩拳交叉於身前，高與肩平，右拳在外，兩臂撐圓；目視左拳。（圖176）

【動作要點】

　　①弓腿挑掌時重心前移，左腿屈弓，左腳尖外撇，右腿蹬直，右腳尖內扣。

　　②架拳時，兩拳交叉，高與肩平。右拳在外，左拳在內。兩臂半屈撐圓，沉肩懸肘，含胸拔背。

【易犯錯誤】

　　①弓腿時，兩腳碾轉不足。

　　②挑掌時右掌後引過大。

　　③上步收腳不輕靈，右腳拖地、蹬地。

　　④虛步緊張，後腿後腳外展不足。

　　⑤架拳時兩肘下垂，兩腋夾緊。

（三十七）退步跨虎

右腳向右後方撤一步，兩拳變掌；
目視兩掌。（圖177）

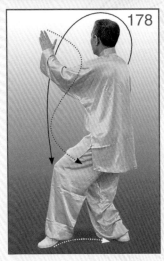

上體右轉，重心後移；右掌向右下
方畫弧至右胯旁，掌心向下；左掌隨身
體右轉稍向右畫弧，掌心向右；頭稍右
轉，目視右前方。（圖178）

左腳稍向後收，腳前掌著地，落於
右腳前，上體左轉，身體略向下屈蹲；
右掌向上畫弧經頭前再向左、向下畫
弧，落於左腿外側，掌心向外；視線隨
身體轉動，左顧右手。（圖179）

右腳蹬地，獨立站穩，左腿前舉，膝微屈，腳面展平，腳尖稍內扣；右掌向前、向上挑起，或側立掌，腕高與肩平；左掌變勾手同時上提，舉於左方，高與肩平，勾尖屈腕向下，上體左轉；目視左前方。（圖180）

【動作要點】

①轉體擺掌時右轉幅度約45度，擺掌時右掌先下落畫弧，兩掌交叉擺動，左掌心向右，右掌心向下。

②撤步收腳時後腳前掌點地，上體左轉，重心略下降。同時兩掌繼續交叉擺動至左腿外側，右掌心向外，左掌心向下。

③兩掌擺動時要由身體旋轉帶動。

④定勢時上體保持正直，左轉約45度。右腿獨立站穩，左腿向前上方擺舉。膝關節微屈，高於腰部，腳面展平，腳掌內轉，如裏合腿勢態。右臂和左腿前舉方向應與上步七星式方向基本相同。

【易犯錯誤】

①擺掌時上體不旋轉。

②定勢時舉腿、挑掌方向偏向右前方超過30度。

③右臂與左腿前舉方向不一致。

④右掌前挑時掌心向前，未成側立掌。

⑤舉腿時左腿由屈而伸。

⑥定勢時上體後仰或伸展不足。

（三十八）轉身擺蓮

　　左腳前落，腳跟先著地，腳尖內扣，上體右轉；右臂內旋，右掌翻轉向下，屈肘向右平帶；左勾手變掌，掌心轉向上，自後向前平擺至體側；頭隨體轉，目視前方。（圖181）

　　以兩腳前掌為軸，向右後轉體；左掌擺至體前，掌心向上，高與頭平，右掌翻轉向上，經胸前及左肘下方向左穿出；頭隨體轉，目視前方。（圖182）

　　上體繼續右轉，至與「上步七星」勢成背向；體重坐於左腿，成右虛步，右掌穿出後向上、向右畫弧，同時前臂內旋，掌心轉向右，指尖向上，置於身體右側，腕高與肩平；左掌自右臂內側翻轉下落，收至右肩前下方，掌心亦向右；目視右掌。（圖183）

上體左轉，右腳跟提起。（圖184）

上體繼續左轉，右腳提起向左、向
上、向右作扇形外擺，腳面展平；上體
左轉，兩掌自右向左平擺，在頭前左先
右後依次擊拍右腳面；目視兩掌。
（圖185）

【動作要點】

①扣步時上體左轉，腳跟落於體
前，腳尖內扣，轉體時兩腳碾轉，左腳
以腳跟為軸，右腳以前腳掌為軸。

②穿擺掌時，右掌先內旋右帶轉一
小弧，再外旋向左，由左肘下穿出畫
弧，經頭前擺至身體右側，掌心向右，
高與肩平；左勾手外旋變掌經頭前畫弧
擺至右肩前，然後內旋沉落停於右肘內
側下方，掌心亦向右。兩掌皆沉腕舒
指，虎口撐圓，鬆肩落胯。此動作取材
於八卦掌的擺掌、撐掌。

③擺腿拍腳時，上體微向前傾，左腳由身體左側向上向右
扇形畫弧擺動，腕關節先屈後展，兩掌自右向左揮擺，擊拍腳
面。拍腳以後，右腿屈收，提於身體右側。

【易犯錯誤】

①轉體時重心升高，或上體搖晃、鬆軟。

②擺蓮腳時低頭彎腰、屈腿。

③拍腳以後右腿屈提不穩，急於落地。

（三十九）彎弓射虎

右小腿屈收，右腿屈膝提於體前側，腳尖下垂，左腿獨立站穩；上體左轉，兩掌繼續左擺，左掌擺至身體左側，右掌擺至左肩前下方，掌心均向下，高與肩平；目視左掌。（圖186）

右腳向右前方落步，上體右轉；兩掌同時下落畫弧，目視兩掌。（圖187）

重心前移，上體右轉；兩掌向下、向右畫弧至身體右側時兩掌握拳，拳心向下；目視右拳。（圖188）

上體左轉，右腿屈弓，左腿自然蹬直，成右弓步；左拳經面前向左前方打出，高與鼻平，拳心斜向前，拳眼斜向下；右拳同時屈肘向左前方打出，至右額前，拳心向外，拳眼斜向下；目視左拳。（圖189）

【動作要點】

①落腳上步方向為右前方45度。

②兩掌隨轉體向下畫弧，擺至身體右側握拳，拳心向下，兩肩放鬆。

③握拳後，兩臂屈收。左拳經鼻前向左前方打出，右拳也同時向左前方沖打至右額前。兩臂皆內旋，兩拳成反沖拳。

④定勢時，步型為右弓步，方向為斜前方45度，上體半面左轉，微向前俯，頭轉看沖拳方向。

【易犯錯誤】

①打拳時扭腰轉胯，右膝內扣，形成橫襠步，或轉腰時歪頭失正。

②右拳做成架拳。

③擺掌幅度不足，腰、頭未隨之右轉。

④右腿屈弓過大。

（四十）左攬雀尾

重心後移，右腳尖外撇抬起，上體右轉；兩拳變掌，左掌向左伸展，右掌翻轉向下畫弧至腰間，掌心向上，頭隨身體自然轉動。（圖190）

　　重心前移，左腳收至右腳內側；右掌自下向右再翻轉向上畫弧，左掌由右向下畫弧，兩掌在胸、腹前上下合抱，掌心相對；目視右掌。（圖191）

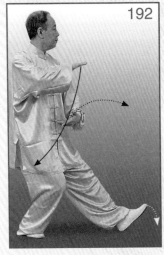

　　上體微左轉，左腳向前上步，腳跟著地；兩掌微分；目視前方。（圖192）

　　重心前移，左腳落實，成左弓步；左前臂向前掤出，左掌掌心向內，高與肩平；右掌按落於右胯旁，掌心向下；目視左掌。（圖193）

上體微左轉，左掌翻轉向下，稍向前伸；右掌翻轉向上，經腹前向上、向前畫弧，伸至左前臂內側下方；目視左掌。（圖194）

上體右轉，重心後移；兩掌下捋，經腹前再向左後上方畫弧，至右掌高與肩平，掌心斜向前；左掌屈臂擺至右胸前，掌心向內；目視右掌。（圖195）

上體左轉，面向前方；右掌屈臂捲收；掌指貼近左腕內側；左臂平屈胸前，掌心向內，指尖向右；目視前方。（圖196）

重心前移，成左弓步；雙臂向前擠出，兩臂撐圓，右掌指附於左腕內側，高與肩平；目視左前臂。（圖197）

右掌經左掌上伸出，兩掌分開，與肩同寬，掌心均轉向下；身體後坐，重心後移，左腳尖上翹；兩臂屈肘，兩掌收經胸前下落至腹前，掌心向前下方；目向前平視。（圖198）

重心前移，成右弓步；兩掌平行向上、向前按出，腕高與肩平，掌心向前，指尖向上，塌腕舒掌、目平視前方。（圖199）

【動作要點】

轉體分手時右腳尖外撇，上體右轉與重心後移應同時進行。

【易犯錯誤】

重心後移與轉體撇腳分割為兩動。

（四十一）十字手

　　重心右移，上體右轉，左腳尖內扣，右腳尖外展；右掌隨身體右擺至面前，掌心向外；左掌分於身體左側，掌心亦向外；目隨右掌。（圖200）

　　右腳尖繼續外展，重心右移，上體繼續右轉，左腿自然蹬直；右掌擺至身體右側，兩掌左右平舉於身體兩側，兩肘略屈，掌心向前；目隨右掌。（圖201）

　　重心左移，右腳尖內扣，上體左轉；兩掌向下、向內畫弧，於腹前兩腕相交，兩掌合抱，舉至胸前，右掌在外，掌心均向內；目視兩掌。（圖202）

右腳內收，兩腳與肩同寬，腳尖向前，成開立步；隨即上體轉正，兩腿慢慢直立；兩掌交叉成斜十字形抱於體，掌心向內，高與肩平；目視兩掌。（圖203）

【動作要點】

①重心右移與兩腳尖扣展、兩手分開、上體右轉應一氣呵成，不可停頓斷勁。右腳尖外展是在右腿由虛變實的過程中進行，應特別注意連貫平穩。

②兩手分開側舉時應鬆肩、沉肘、屈腕，掌心向前、指尖斜向上。

③抱掌時兩臂半屈撐圓，右掌在外。

【易犯錯誤】

①重心右移，右腳尖外展時停頓斷勁。

②兩掌合抱時低頭彎腰，上體前俯。

③抱拳時兩肘下垂，兩臂過屈，兩腋太緊。

（四十二）收　勢

兩前臂內旋，兩掌邊翻轉，邊平行分開，與肩同寬，掌心向前下方；目視前方。（圖204）

兩掌慢慢下落至兩腿外側，鬆肩垂臂，上體自然正直；目視前方。（圖205）

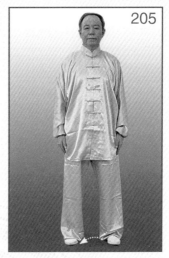

左腳收至右腳旁，兩腳併攏，腳尖向前，身體自然直立，呼吸平穩均勻；目視前方。（圖206）

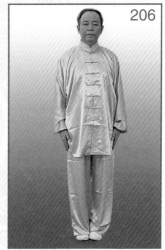

【動作要點】

①兩手分舉時，兩臂內旋，兩掌翻轉向下。

②垂臂時兩臂徐徐下落，不可鬆懈。

③收腳併步後恢復成預備勢姿勢。

④動作過程應連貫、平穩。

【易犯錯誤】

①收勢動作鬆懈草率。

②垂臂時兩臂屈收下按，挺胸收腹。

③收腳時上體側倒搖晃。

④併步成八字腳。

1.起勢

2.右攬雀尾

3.左單鞭

4.提手

5.白鶴亮翅

6.摟膝拗步

7.撇身捶

8.捋擠勢

9.進步搬攔捶

10.如封似閉

42式太極拳分解動作 　－99－

11.開合手　　　12.右單鞭　　　　　　　　13.肘底捶

14.轉身推掌

15.玉女穿梭

16.右左蹬腳

17.掩手肱捶

18.野馬分鬃

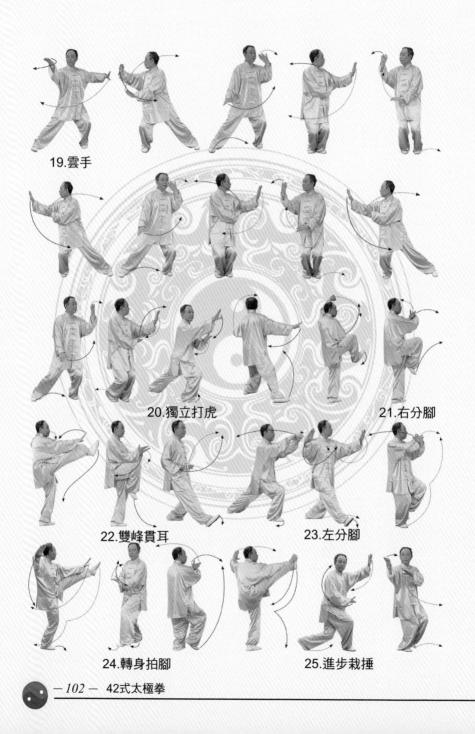

19.雲手

20.獨立打虎

21.右分腳

22.雙峰貫耳

23.左分腳

24.轉身拍腳

25.進步栽捶

26.斜飛勢

27.單鞭下勢　　　　　　28.金雞獨立

29.退步穿掌　　　　　　30.虛步壓掌

31.獨立托掌　　32.馬步靠　　　　　　33.轉身大捋

34.歇步擒打

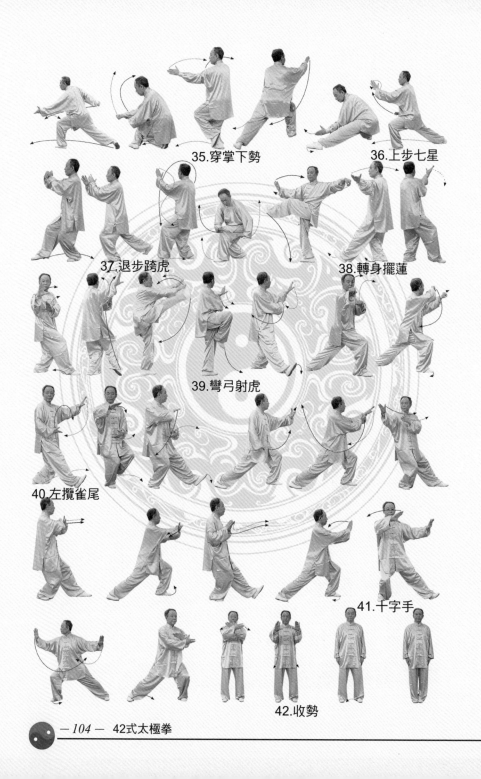

35.穿掌下勢　　　　36.上步七星

37.退步跨虎　　　　38.轉身擺蓮

39.彎弓射虎

40.左攬雀尾

41.十字手

42.收勢

導引養生功 系列叢書

張廣德養生著作

每冊定價350元

全系列為彩色圖解附教學光碟

彩色圖解太極武術

1 太極功夫扇

定價220元

2 武當太極劍

定價220元

3 楊式太極劍

定價220元

4 楊式太極刀
定價220元

5 二十四式太極拳+VCD
定價350元

6 三十二式太極劍+VCD

定價350元

7 四十二式太極劍+VCD

定價350元

8 四十二式太極拳+VCD

定價350元

9 楊式十六式太極劍

定價350元

10 楊氏二十八式太極拳+VCD

定價350元

11 楊式太極拳四十式+VCD

定價350元

12 陳式太極拳五十六式+VCD

定價350元

13 吳式太極拳五十六式+VCD

定價350元

14 精簡陳式太極拳八式十六式

定價220元

15 精簡吳式太極拳三十六式 拳架‧推手

定價220元

16 夕陽美功夫扇

定價220元

17 綜合四十八式太極拳+VCD

定價350元

18 三十二式太極拳 四段

定價220元

19 楊式三十七式太極拳+VCD

定價350元

20 楊氏五十一式太極劍+VCD

定價350元

養生保健　古今養生保健法 強身健體增加身體免疫力

1 醫療養生氣功
　醫療養生氣功
　定價250元

2 中國氣功圖譜
　中國氣功圖譜
　定價250元

3 少林醫療氣功精粹
　少林醫療氣功精粹
　定價250元

4 龍形實用氣功
　龍形實用氣功
　定價220元

5 魚戲增視強身氣功
　魚戲增視強身氣功
　定價220元

6 道家玄牝氣功
　道家玄牝氣功
　定價200元

8 仙家秘傳祛病功
　仙家秘傳祛病功
　定價160元

9 少林十大健身功
　少林十大健身功
　定價180元

10 中國自控氣功
　中國自控氣功
　定價250元

11 醫療防癌氣功
　醫療防癌氣功
　定價250元

12 醫療強身氣功
　醫療強身氣功
　定價250元

13 醫療點穴氣功
　醫療點穴氣功
　定價250元

14 中國八卦如意功
　中國八卦如意功
　定價180元

15 正宗馬禮堂養氣功
　正宗馬禮堂養氣功
　定價420元

16 秘傳道家筋經內丹功
　秘傳道家筋經內丹功
　定價300元

17 三元開慧功
　三元開慧功
　定價250元

18 防癌治癌新氣功
　防癌治癌新氣功
　定價180元

19 禪定與佛家氣功修煉
　禪定與佛家氣功修煉
　定價200元

20 顛倒之術
　顛倒之術
　定價360元

21 簡明氣功辭典
　簡明氣功辭典
　定價360元

22 八卦三合功
　八卦三合功
　定價230元

23 朱砂掌健身養生功
　朱砂掌健身養生功
　定價250元

24 抗老功
　抗老功
　定價230元

25 意氣按穴排濁自療法
　意氣按穴排濁自療法
　定價250元

27 健身祛病小功法
　健身祛病小功法
　定價200元

28 張氏太極混元功
　張氏太極混元功
　定價250元

29 中國璇密功
　中國璇密功
　定價250元

30 中國少林禪密功
　中國少林禪密功
　定價200元

31 郭林新氣功
　郭林新氣功
　定價400元

32 八卦之源與健身養生
　太極
　定價280元

3 現代原始氣功
　定價400元

34 養生開脈太極
　開脈太極
　定價300元

太極跤

1 太極防身術

定價300元

2 擒拿術

定價280元

3 中國式摔角

定價350元

簡化太極拳

1 陳式太極拳十三式

定價200元

2 楊式太極拳十三式

定價200元

3 吳式太極拳十三式

定價200元

4 武式太極拳十三式

定價200元

5 孫式太極拳十三式

定價200元

6 趙堡太極拳十三式

定價200元

原地太極拳

1 原地綜合太極二十四式

定價220元

2 原地活步太極四十二式

定價200元

3 原地簡化太極拳二十四式

定價200元

4 原地太極拳十二式

定價200元

5 原地青少年太極拳二十二式

定價220元

6 原地兒童太極拳十捶十六式

定價180元

健康加油站

1 糖尿病預防與治療

定價200元

2 胃部機能與強健

定價180元

3 不孕症治療

定價200元

4 簡易醫學急救法

定價200元

5 肥胖健康診療

定價200元

6 肝功能健康診療

定價200元

7 高血壓健康診療

定價200元

8 高血糖值健康診療

定價200元

9 尿酸值健康診療

定價200元

10 膽固醇中性脂肪健康診療

定價200元

11 痛風劇痛消除法

定價180元

12 三溫暖健康法

定價180元

13 手・腳病理按摩

定價180元

14 B型肝炎預防與治療

定價180元

15 吃得更漂亮、健康

定價180元

16 茶使您更健康

定價180元

17 圖解常見疾病運動療法

定價180元

18 科學健身改變亞健康

定價180元

19 簡易萬病自療保健

定價220元

20 王朝秘藥媚酒

定價180元

運動精進叢書

1 怎樣跑得快
定價200元

2 怎樣投得遠
定價180元

3 怎樣跳得遠
定價180元

4 怎樣跳的高
定價180元

5 高爾夫揮桿原理
定價220元

6 網球技巧圖解
定價220元

7 排球技巧圖解
定價230元

8 沙灘排球技巧圖解
定價230元

9 撞球技巧圖解
定價230元

10 籃球技巧圖解
定價220元

11 足球技巧圖解
定價230元

12 羽毛球技巧圖解
定價220元

13 乒乓球技巧圖解
定價220元

14 曲線球與飛碟球
定價300元

15 街頭花式籃球
定價280元

16 精彩高爾夫
定價330元

17 巴西青少年足球訓練方法例
定價230元

快樂健美站

1 柔力健身球

定價280元

2 自行車健康享瘦

定價280元

3 跑步鍛鍊走路減肥

定價280元

4 創造健康的肌力訓練

定價220元

5 舒適超級伸展體操

定價280元

6 水中有氧運動

定價280元

7 雕塑完美身材

定價280元

8 創造超級兒童

定價280元

9 使頭腦變聰明

定價280元

10 防止老化的身體改造訓練

定價280元

11 三個月塑身計畫

定價280元

12 懶人族瑜伽

定價280元

13 忙裡偷閒練瑜伽基礎篇

定價240元

14 忙裡偷閒練瑜伽祛病養生篇

定價240元

15 健身跑激發身體的潛能

定價200元

16 中華鐵球健身操

定價180元

17 彼拉提斯健身寶典

定價280元

18 全身保健操＋VCD

定價280元

9 瑜伽美姿美容

定價180元

20 豐胸做自信女人

定價200元

21 輕鬆瑜伽治百病

定價280元

歡迎至本公司購買書籍

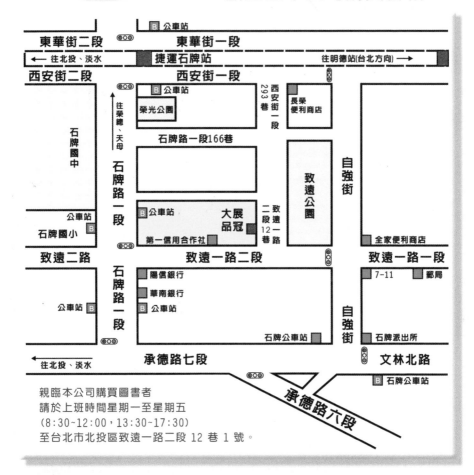

親臨本公司購買圖書者
請於上班時間星期一至星期五
(8:30~12:00,13:30~17:30)
至台北市北投區致遠一路二段 12 巷 1 號。

建議路線
1. 搭乘捷運‧公車
　　淡水線石牌站下車,由出口出來後,左轉(石牌捷運站僅一個出口),沿著捷運高架往台北方向走
(往明德站方向),其街名為西安街,至西安街一段293巷進來(巷口有一公車站牌,站名為自強街口),
本公司位於致遠公園對面。搭公車者請於石牌站(石牌派出所)下車,走進自強街,遇致遠路口左轉,
右手邊第一條巷子即為本社位置。

2. 自行開車或騎車
　　由承德路接石牌路,看到陽信銀行右轉,此條即為致遠一路二段,在遇到自強街(紅綠燈)前的巷
子左轉,即可看到本公司招牌。

大展好書　好書大展
品嘗好書　冠群可期